I0700485

BOUGER DIGNE

Grégory Roose

Bouger Digne

Deux cent vingt-cinq *inactions*

pour faire bouger ma ville

AD GLORIAM ÉDITIONS

À ma mère

L'impossible, nous ne l'atteignons pas,
mais il nous sert de lanterne.

René Char

Avant-Propos

L'écriture offre des libertés auxquelles l'homme politique goûte rarement, soit par manque de moyens de toute nature, soit par manque d'ambition pour autrui. *Primum non nocere*. D'abord, ne pas nuire. Serait-on tenté d'y ajouter « à soi-même ». Telle pourrait être la devise de l'Homo Politicus, davantage sensible au maintien des équilibres et des intérêts qui l'ont porté au pouvoir qu'à l'engagement pour la chose publique.

L'écrivain perçoit les choses tout autrement, non sans ses propres défauts. Loin des contingences matérielles et juridiques, il a tendance à divaguer dans le champ des impossibles, offrant du rêve, loin des exigences administratives, réglementaires et financières qui se repaissent des projets grandioses comme insignifiants. Toutes ces contraintes, tous ces risques, invitent l'Homo Politicus à l'*inaction*, mot pouvant être compris ici dans son acception oisive : refus d'agir, excuse(s) pour ne pas agir ou simple paresse intellectuelle.

Pour l'écrivain cependant, l'*inaction* est propice à la réflexion, au rêve, à la création, à la contemplation et au foisonnement d'idées. Dans ce petit livre, je vous invite à emprunter l'habit de l'homme politique guidé par l'intérêt de la chose publique et libéré des contingences qui le lient à l'inaction politique, tout en gardant assurément à l'esprit les contraintes juridiques, financières et stratégiques auxquelles il ne peut se soustraire. Pour ma part, je le lui laisse bien volontiers, libéré du poids de ces *inactions* originales, parfois audacieuses, qui ont germé dans mon esprit. Elles pourront se transformer dans vos mains, dévouées ou ambitieuses. Vous disposez désormais, cher lecteur, de ces quelques graines semées à la volée, de ces *inactions* d'écrivain qui brûlent d'être libérées de leur préfixe.

TABLE DES MATIÈRES

1. Racines d'avenir

Toi, maire de Digne, tu transformeras la
ville sans trahir son âme, tu la moderniseras
dans le respect des traditions, vivaces comme
oubliées. Tu y planteras les racines de son
avenir.

2. Traditions et modernité

Toi, maire de Digne, les traditions
oubliées ou méconnues de la ville deviendront
les emblèmes de sa reconquête.

3. Tradition, innovation et action

Toi, maire de Digne, tu mettras un terme
à l'inertie à travers trois mots : *tradition,
innovation et action.*

4. Une ville moderne, attractive et confidentielle

Toi, maire de Digne, la ville deviendra
attirante sans être démesurément attractive,
invitera au rêve sans laisser libre cours à
l'oisiveté, demeurera un rempart contre les

excès de la modernité sans la priver de ce qu'elle offre de meilleur.

5. Digne, l'Étoile des Alpes

Toi, maire de Digne, la ville se libérera de son ronflant suffixe, greffé par décret en 1988, pour recouvrer son appellation originelle, *Digne.* Au-delà, dans la communication officieuse et touristique, la ville sera surnommée *Digne, l'Étoile des Alpes.*

6. Fête de l'Étoile de Saint-Vincent

Toi, maire de Digne, l'Étoile de Saint-Vincent sera célébrée chaque année autour d'une fête qui lui sera dédiée, propice à la création artistique et artisanale. Le palais des congrès accueillera, pendant deux jours, des artistes, artisans, libraires, commerçants, créateurs, historiens, écrivains, conteurs, témoignages, collections autour de l'Étoile des Alpes. Un grand concours culinaire sera organisé sur le thème de l'Étoile pour inciter à l'invention d'un patrimoine culinaire local, quasi inexistant. Les meilleures recettes seront publiées dans un guide de la cuisine dignoise.

Les boulangers, pâtissiers, chocolatiers, charcutiers et restaurateurs de la ville seront invités à les adopter. Elles deviendront les ambassadrices gastronomiques du pays dignois.

7. Fête de la pistole

Toi, maire de Digne, d'interminables rangées de pruniers seront replantées là où les générations précédentes les avaient fait naître avant qu'elles ne disparaissent avec elles. La traditionnelle, mais oubliée *pistole,* sera fabriquée dans des ateliers municipaux et distribuée lors d'une *Fête de la pistole*, chaque mois de septembre.

8. Enseigner l'histoire locale

Toi, maire de Digne, l'histoire locale sera enseignée dans les écoles municipales. Les grands personnages de l'histoire locale, enfants de sang ou de cœur du pays dignois, seront célébrés chaque année à l'occasion d'un concours d'écriture et de poésie réservé aux écoliers.

9. Honorer les sportifs de haut niveau

Toi, maire de Digne, une cérémonie annuelle rendra honneur aux sportifs, ambassadeurs du pays dignois à travers la France et le monde, pour leurs mérites et leurs exploits.

10. Valoriser notre patrimoine

Toi, maire de Digne, le patrimoine architectural de la ville et du pays dignois sera mieux protégé, entretenu et valorisé. La Grande Fontaine ne sera plus verte de désespoir ni Notre-Dame-du-Bourg enfermée comme une vieille dame que plus personne ne visite.

11. Lieux de contemplation

Toi, maire de Digne, les lieux propices à la contemplation et au silence seront sanctuarisés.

12. Chasse à la vacance commerciale

Toi, maire de Digne, les propriétaires de lieux désaffectés, commerces et logements, bénéficieront d'un accompagnement technique et d'une aide financière pour leur attribuer un nouvel usage dans un délai de deux ans. Au-delà de ce terme, ces lieux seront préemptés par la puissance publique pour participer à la renaissance de la ville.

13. Nouvelle cité administrative

Toi, maire de Digne, les services du centre administratif Charles Romieu, actuellement accueillis dans les locaux de l'ancien hôpital de Digne, seront transférés dans une nouvelle cité administrative, à bâtir, sur le site de l'ancienne gare ferroviaire. Celle-ci recevra notamment toutes les administrations déconcentrées du département, en dehors de la préfecture. Le développement du télétravail permettra d'en réduire l'emprise au sol et son aspect, tout en étant sobre et discret, sera agréable au regard. D'autres commerces et services seront construits sur le site pour faire vivre ce nouveau quartier dignois.

14. L'hôtel des Sièyes ****

Toi, maire de Digne, l'ancien hôpital de Digne sera transformé en hôtel de standing, baptisé *Hôtel des Sièyes,* offrant à la ville a possibilité d'accueillir des visiteurs argentés dont les Dignois profiteront de la présence et de la propension à consommer. Cet hôtel quatre étoiles, fruit d'un partenariat avec un investisseur privé, offrira une vue imprenable sur la ville et le Cousson, sera doté d'un spa, d'une piscine intérieure et de plusieurs suites avec balcon et vue imprenable sur la ville. Les services administratifs qui y sont actuellement abrités rejoindront la nouvelle cité administrative, quartier de la gare.

15. Soutien aux manifestations culturelles et sportives

Toi, maire de Digne, l'organisation de manifestations culturelles et sportives, participant au bien-être des habitants et valorisant l'image de la ville, sera activement encouragée par les élus et soutenue par les services municipaux et intercommunaux.

16. Semi-marathon de l'ichtyosaure

Toi, maire de Digne, le semi-marathon de l'ichtyosaure sera organisé chaque année, depuis le rond-point des lavandes jusque La

Robine-sur-Galabre. Il traversera les sites les plus emblématiques de la ville.

17. Nouveau Corso de la lavande

Toi, maire de Digne, le corso de la lavande sera renouvelé, dans la continuité et la tradition. Il bénéficiera d'un soutien logistique et financier important pour en faire le symbole du renouveau attractif de la ville.

18. Galerie d'art permanente

Toi, maire de Digne, une galerie d'art permanente sera réinstallée dans la rue de l'Hubac, permettant la contemplation des œuvres d'art depuis la voie publique, à toute heure du jour et de la nuit.

19. Parvis de Saint-Jérôme

Toi, maire de Digne, le parvis et les abords de la cathédrale Saint-Jérôme seront restaurés, ainsi que ses escaliers au pied desquels sera installé un petit jardin à la française.

20. Marché des métiers d'art, des artistes et des artisans

Toi, maire de Digne, un marché des métiers d'art, des artistes et des artisans locaux sera installé sur la place du vieux marché et sur l'espace situé à droite de la cathédrale Saint-Jérôme. Il se tiendra le premier dimanche de chaque mois et sera animé par des joueurs d'instruments traditionnels, des conteurs et des démonstrations d'artisans.

21. Union commerciale du centre et de la périphérie (UCCP)

Toi, maire de Digne, des liens étroits et de complémentarités seront constitués entre les commerces de centre-ville et la zone commerciale Saint-Christophe. Des transferts de commerces vers le centre-ville seront incités pour y équilibrer l'animation et l'offre commerciales. La zone Saint-Christophe sera aménagée pour améliorer son aspect paysager et la circulation piétonne y sera facilitée. L'Union commerciale du centre et de la périphérie (UCCP) sera créée en ce sens.

22. « Provencençaliser » la rue de l'Hubac

Toi, maire de Digne, la rue de l'Hubac sera libérée des nuisances de toutes sortes par la présence renforcée et permanente des forces de l'ordre. Un partenariat avec les institutions judiciaires et sociales sera noué afin d'accompagner les délinquants vers des formations et métiers adaptés, ou vers des lieux de détention. La délinquance et les incivilités y seront bannies. L'installation d'activités et de commerces provençaux y sera fortement privilégiée, par tous les moyens légaux.

23. Jumelages

Toi, maire de Digne, les jumelages existants avec des villes étrangères seront mis à profit pour célébrer la culture française et provençale à l'étranger tout en s'enrichissant des cultures étrangères qui n'ont pas la prétention ou la tentation de se substituer à la nôtre. Des échanges scolaires seront organisés avec nos villes jumelles ainsi que des voyages organisés chez l'habitant afin de favoriser la coopération culturelle, économique et sociale.

24. Fête des roses et de la lavande

Toi, maire de Digne, un jumelage sera établi avec la ville de Karlovo en Bulgarie. Tout comme Digne, Karlovo est nichée au pied des montagnes, offrant des paysages naturels époustouflants et un cadre idéal pour les activités de plein air. Karlovo et Digne-les-Bains partagent leur fierté pour leurs traditions locales et leur artisanat, mais ce qui les unit par-dessus tout, ce sont les célébrations autour des parfums. La rose des Balkans pour Karlovo et la lavande pour Digne. Karlovo organise ainsi le Festival de la Rose, tandis que Digne-les-Bains accueille le Corso de la Lavande. Ces évènements sont l'occasion pour les deux villes de partager leur patrimoine et de promouvoir leur identité culturelle. Pour célébrer notre jumelage, la fête de la Rose et de la Lavande sera organisée chaque année, simultanément dans les deux communes.

25. Associations apolitiques

Toi, maire de Digne, les associations politiques, militantes ou à caractère idéologique seront bannies du forum des associations culturelles et sportives de la ville qui se tient en septembre de chaque année sur le boulevard Gassendi.

26. Vallée des énergies vertes (VeV)

Toi, maire de Digne, une vallée des énergies vertes (VeV) accueillera, sur le territoire de l'agglomération dignoise, des entreprises et des centres de recherche dans les domaines de la production, de la transformation et de la valorisation des énergies renouvelables. La VeV, création *ex nihilo*, permettra aux entreprises et associations installées de bénéficier d'avantages fiscaux importants, d'accompagnements et de subvention. La Vev aura plusieurs fonctions majeures :

- la production et le recyclage écologique et rentable des déchets issus des technologies vertes (panneaux solaires, éoliennes, moteurs électriques, composants électroniques, etc.) ;

- une concentration d'expertises qui devra conduire à des innovations plus rapides et à une adoption plus large des technologies vertes à l'échelle régionale, voire nationale ;

- la formation de partenariats public-privé pour créer des écosystèmes de soutien pour les entreprises et les entrepreneurs qui se concentrent sur les technologies vertes ;
- la mise en réseau des acteurs nationaux et internationaux de la VeV qui devra devenir motrice et exemplaire en matière d'innovation.

27. Faire entrer la lumière dans le centre ancien

Toi, maire de Digne, le centre ancien deviendra agréable en perdant de sa densité. Des immeubles délabrés seront détruits pour laisser place à l'air et à la lumière, à de nouvelles fontaines et placettes provençales, aux jardins et aux paysages.

28. Foire agricole du pays dignois

Toi, maire de Digne, se tiendra chaque année la foire agricole du pays dignois au cours de laquelle les produits locaux du pays dignois seront honorés par des Prix d'or, d'argent et de bronze remis par un jury composé de professionnels du monde agricole et culinaire.

29. Cabanes pastorales

Toi, maire de Digne, des cabanes pastorales seront construites, reconstruites et rénovées dans l'ensemble du pays dignois à l'aide de fonds publics mobilisés par les équipes techniques et les professionnels du pastoralisme. Le métier de berger sera valorisé auprès des plus jeunes et des adultes en reconversion professionnelle.

30. Embellissement du stationnement du palais des congrès

Toi, maire de Digne, le stationnement faisant face au palais des congrès sera entièrement repensé pour laisser place à un revêtement perméable et arboré. Le nombre de places sera identique, voire supérieur, en améliorant leurs agencements, mais le site sera plus vert et respectueux de la nature et des paysages.

31. Des congrès au palais des Congrès

Toi, maire de Digne, le palais des congrès accueillera enfin des congrès. Y seront organisés des évènements professionnels, commerciaux et ludiques, facilités par la construction et la rénovation d'hôtels dans la ville et ses abords. En sus de congrès sur le tourisme en Provence, l'agriculture provençale, les énergies vertes ou la culture provençale, un professionnel engagé par l'intercommunalité sera chargé de promouvoir la ville de Digne auprès d'organisations professionnelles de tout genre pour les inciter à y organiser leurs congrès, colloques, séminaires et manifestations.

32. Diminution progressive du taux de la taxe foncière

Toi, maire de Digne, les taxes locales seront progressivement réduites grâce au développement de l'activité économique et touristique de l'agglomération. Le taux de taxe foncière devra retrouver la moyenne des villes françaises de même typologie à la fin de ton mandat de maire.

33. Exonération de taxe foncière pour les commerces

Toi, maire de Digne, les commerces de certains secteurs dégradés du centre ancien seront exonérés de taxe foncière pendant trois ans afin d'en faciliter l'installation, le maintien et le développement.

34. Donner du pouvoir au conseil municipal des jeunes et au conseil citoyen

Toi, maire de Digne, les débats du conseil des jeunes et des citoyens seront valorisés et certaines de leurs propositions soumises à la lecture et au vote du conseil municipal. Ces deux conseils bénéficieront d'un budget qui, bien que limité, permettra de prendre des décisions, néanmoins soumises au droit de veto du maire.

35. Comités de quartier

Toi, maire de Digne, des comités de quartiers, associations à but non lucratif, servant d'interlocuteur entre les habitants d'un lieu et les élus municipaux, seront institués dans chaque quartiers de la ville. Leur champ d'activité concernera non pas la défense d'intérêts particuliers, mais les questions d'intérêt général : voirie, circulation, propreté, voisinage, animation, valorisation du quartier, etc. Leurs propositions seront soumises, pour approbation ou rejet motivé, à la lecture et au vote du conseil municipal.

36. Raser les barres d'immeuble du Pigeonnier

Toi, maire de Digne, le quartier du pigeonnier, héritage d'un mouvement architectural utilitariste et standardisant, sera détruit en faveur de la renaturation du site, jadis cultivé, permettant le développement de la ville par ailleurs. Ses habitants seront relogés dans des résidences à échelle humaine au sein de la ville ou dans les villages environnants, selon leurs souhaits et capacités financières. Cette opération de grande envergure sera menée conjointement avec les bailleurs sociaux du département.

37. Créer le Parc du Pigeonnier

Toi, maire de Digne, l'ancien quartier du pigeonnier deviendra le lien, le chaînon manquant entre la ville et ses thermes. Le site, nettoyé de ses barres d'immeuble impersonnelles, sera transformé en parc de quatre-vingts hectares, baptisé *Parc du Pigeonnier*, où sera aménagé, entre autres, un immense verger disposant de toutes sortes d'arbres et de haies produisant des fruits comestibles. Une fête dénommée *Cueillette du Pigeonnier* s'y tiendra chaque année, en lien avec des associations locales. Elle donnera lieu, dans une ambiance festive, à la récolte et la vente des produits de ce verger. Les recettes de la vente seront utilisées pour entretenir et développer le site. Le surplus sera donné aux cantines des écoles et aux organisations caritatives ; les produits de la terre impropres à la consommation seront transformés par un méthaniseur. Ce verger fera partie des innovations mises en place pour atteindre l'autosuffisance alimentaire du pays dignois.

38. Le nouveau poumon vert

Toi, maire de Digne, le parc du Pigeonnier deviendra le poumon vert de la ville. En sus des milliers d'arbres de son verger, il accueillera également des jardins partagés, des potagers municipaux, du mobilier urbain et des agrées sportifs agencés selon des règles paysagères précises pour rendre la balade agréable sur toute sa surface. Le parc du Pigeonnier sera un lieu de promenade, de contemplation, de fêtes et de célébrations privilégié pour les dignois et les visiteurs.

39. Grand Hôtel des Basses-Alpes ***

Toi, maire de Digne, un *Grand Hôtel des Basses-Alpes*, disposant d'un petit étang, de fontaines et d'un jardin à la française arboré d'essences locales, sera construit par un opérateur privé au cœur du Parc du Pigeonnier, à l'emplacement de l'ancien hôtel de luxe, dénommé *hostellerie des Alpes*, construit par l'industriel, député et sénateur des Basses-Alpes Justin Perchot au début des années 1920. Un appel à manifestation d'intérêt sera lancé en ce sens afin de ne pas faire supporter le coût de la construction à la ville.

40. École nationale de pilotage de drone (ENPD)

Toi, maire de Digne, tu fonderas l'école nationale de pilotage de drone (ENPD) qui sera reconnue par la direction générale de l'aviation civile (DGAC). Un terrain de cinq hectares, implanté au sein du parc du Pigeonnier, sera réservé à la pratique du pilotage professionnel et amateur. Une compétition internationale y sera accueillie chaque année dans le cadre de partenariats institutionnels et économiques et chacun pourra y pratiquer gratuitement le vol libre en dehors des horaires de cours et de formation de l'ENPD.

41. Relier le centre-ville et les thermes

Toi, maire de Digne, un chemin pour les piétons et certains véhicules à deux-roues traversera le parc du Pigeonnier. Il sera le lien touristique et fonctionnel permettant de relier naturellement et plus facilement le centre-ville et le secteur des thermes sur une distance de trois à quatre kilomètres. Des navettes électriques régulières emmèneront les piétons du stationnement public de la Grande Fontaine jusqu'aux thermes, cheminant par les lieux les plus appréciables de la ville.

42. Bals et goguettes populaires

Toi, maire de Digne, des bals populaires et goguettes seront régulièrement organisés sur la place Général de Gaulle, au plan d'eau, au parc du Pigeonnier et le long du boulevard Gassendi. Un thé dansant, organisé par la ville, sera proposé chaque dimanche après-midi au plan d'eau. Il sera animé par des orchestres.

43. Une vie, un arbre

Toi, maire de Digne, chaque enfant recevra, dans les trois mois suivant sa naissance, sans que les parents n'aient à en faire la demande, un arbre haute tige (un prunier, un cognassier, un amandier, un olivier ou un poirier *Sarteau*) pour la célébrer. Cet arbre sera planté, lors d'une petite cérémonie familiale présidée par un élu de la ville, dans le parc du Pigeonnier libéré de ses verrues architecturales. L'arbre portera le prénom de l'enfant et son année de naissance.

44. Festival international du nanométrage

Toi, maire de Digne, le festival international du nanométrage (FINM), petit film d'une durée ne dépassant pas trois minutes, sera organisé chaque année. Il sera adossé à un concours d'écriture de micronouvelles que les réalisateurs adapteront afin de valoriser concomitamment la littérature et le cinéma. Les nanométrages seront diffusés sur les réseaux sociaux. Ils feront également l'objet de promotions dans divers festivals et les plateformes de diffusion en ligne.

45. Salon de la littérature brève

Toi, maire de Digne, tu organiseras chaque année un salon de la littérature brève, mettant à l'honneur le genre de la nouvelle, de la poésie en prose et de la micronouvelle. La cérémonie de remise du *Grand prix international de la Micronouvelle* sera organisée dans les salons de l'Ermitage. Le lauréat recevra une dotation de deux mille euros accompagnée d'un trophée sculpté dans un atelier de la région.

46. Maison d'édition du pays dignois (MEPC)

Toi, maire de Digne, une maison d'édition publique et collaborative (MEPC) sera constituée dans le respect de la concurrence vis-à-vis des éditeurs privés, afin de diffuser les travaux monographiques, littéraires et recherches thématiques valorisant les Alpes de Haute-Provence. Elle sera également ouverte aux auteurs locaux qui participeront, de droit, à toutes les manifestations littéraires organisées par la ville.

47. Salon national de l'autoédition

Toi, maire de Digne, le salon national de l'autoédition, c'est-à-dire des auteurs qui publient leurs livres par leurs propres moyens, sera organisé au palais des congrès. Un *Prix littéraire de l'autoédition* sera décerné chaque année par un jury constitué de personnalités du monde de l'édition. Les lauréats se verront proposer un contrat avec une maison d'édition partenaire du salon.

48. Informer en temps réel

Toi, maire de Digne, des panneaux d'affichage lumineux, mais discrets, seront implantés dans les lieux les plus fréquentés de la ville pour informer les habitants des actions et animations à venir. Les réseaux sociaux seront utilisés à bon escient pour retransmettre, en direct et en différé, les principales manifestations dans la ville.

49. Crieur public

Toi, maire de Digne, un crieur public sera chargé d'annoncer les nouvelles importantes de toute nature, chaque jour à midi et demi sur le kiosque de la place Général de Gaulle.

50. Cultiver son jardin

Toi, maire de Digne, chaque foyer qui en fera la demande aura l'usufruit exclusif d'un lopin de terre à cultiver, à raison de vingt mètres carrés par personne, situé notamment dans les jardins familiaux du parc du Pigeonnier. En cas de manquement à son obligation d'entretien, le terrain sera restitué à la collectivité l'année suivante.

51. Tous les chemins mènent à Digne

Toi, maire de Digne, des petites navettes électriques proposeront au moins deux voyages quotidiens depuis chaque village de l'agglomération jusqu'au centre de Digne. Le

désenclavement des villages les plus isolés
permettra d'envisager plus sereinement le
développement de leur attractivité et la reprise
d'une économie vivrière dans les villages-
dortoirs.

52. Zone blanche

Toi, maire de Digne, une zone blanche
sera installée sur le territoire intercommunal
afin d'y faire régner le droit à la vie déconnectée
pour les habitants qui le souhaitent.

53. Fêtes patronales

Toi, maire de Digne, les fêtes patronales
les plus importantes continueront d'être
célébrées. La Sainte-Geneviève, la Saint-Eloi, la
Saint-Honoré et toutes les autres seront
présentées aux plus jeunes pour une meilleure
compréhension de leur signification et de la
source de ces traditions oubliées.

54. Indépendance énergétique

Toi, maire de Digne, tu feras installer des
panneaux photovoltaïques discrets et

respectueux des paysages sur les toitures des bâtiments publics afin de réduire l'empreinte énergétique de la ville, d'améliorer ses finances publiques et d'éviter que de gigantesques panneaux ne soient installés sur des terres naturelles en dehors de la ville.

55. Économiser l'eau

Toi, maire de Digne, des mesures préventives, pédagogiques et, en dernier recours, punitives, seront prises pour économiser la consommation totale d'eau d'au moins trente pour cent. Préalablement, un nouvel audit sera commandé pour identifier le rendement des canalisations dignoises et des travaux seront entrepris pour l'améliorer notablement.

56. Réduire les fuites d'eau dans les canalisations

Toi, maire de Digne, le réseau d'adduction en eau de la ville sera rénové pour atteindre un rendement de 85 %, réduisant ainsi considérablement les fuites et pertes en eaux du circuit de distribution.

57. Développer la filière bois

Toi, maire de Digne, la filière économique du bois sera organisée depuis la pousse jusqu'à la repousse en passant par l'exploitation. Du bois de chauffe et de construction sortira massivement des forêts bas-alpines à raison d'un arbre planté pour un arbre abattu. Digne et son arrière-pays deviendront la capitale économique de la filière bois des Alpes du Sud. Les scieries, menuiseries, artisans, constructeurs, bois de chauffe et artistes s'implanteront dans le pays dignois autour d'une filière bois structurée et puissante. Un large secteur sera planté de châtaigniers en quantité suffisante pour nourrir le pays dignois en cas de grave pénurie alimentaire. En temps de quiétude, les châtaignes seront exploitées par une association et transformées en spécialités locales qui restent à inventer.

58. Écrivain public

Toi, maire de Digne, un écrivain public municipal proposera son aide aux habitants du pays dignois dans leurs démarches épistolaires, administratives et réglementaires.

59. L'art de bien écrire

Toi, maire de Digne, l'art de bien écrire sera enseigné dans les écoles primaires et à tous les habitants qui en émettront le souhait. La maîtrise de la grammaire, de l'orthographe et de la syntaxe précédera celle de l'art épistolaire, de ses codes et de ses subtilités, de sa beauté oubliée et du plaisir qu'il procure.

60. École épistolaire *Madame de Sévigné*

Toi, maire de Digne, une école de la correspondance épistolaire sera fondée dans la vieille ville. Elle enseignera ses règles fondamentales aux enfants et adultes volontaires, par sessions d'une à plusieurs journées de formation. Cette école, de portée nationale, portera le nom de *Madame de Sévigné.*

61. Le parc des Trois-Rivières

Toi, maire de Digne, la place du Tampinet engloutira ses voitures sous ses pieds, si sa géologie le permet, et deviendra un poumon vert offrant trois fontaines provençales baptisées *Bléone, Mardaric* et *Eaux-Chaudes.* Le *parc des Trois-Rivières* accueillera un chemin pour piétons invitant à la balade, entouré des bancs ombragés, d'arbres et de nombreuses fleurs.

62. La statue de l'Étoile

Toi, maire de Digne, tu érigeras au cœur de ce nouveau *Parc des Trois-Rivières*, une statue monumentale à trente mètres de hauteur, tout en élégance et en finesse, représentant une dignoise portant à bout de bras une étoile de Saint-Vincent tournée vers la Bléone. Une souscription publique financera en partie la construction de cette statue. Son piédestal accueillera le nouvel office du tourisme ainsi qu'une boutique destinée à valoriser l'étoile de Saint-Vincent. On y trouvera des bijoux et autres objets dédiés à l'étoile de Saint-Vincent, des informations, des livres et tout ce qui se rapporte à l'étoile.

63. Annexe du musée Gassendi

Toi, maire de Digne, une nouvelle annexe du musée Gassendi sera consacrée à l'histoire de Digne et du pays dignois. Elle prendra pour nom *annexe Bodiontici* et sera installée au rez-de-chaussée de l'immeuble art déco Rullan, sis route de Grenoble, qui sera par ailleurs protégé au titre des bâtiments remarquables de la ville.

64. Prouvençau

Toi, maire de Digne, la langue provençale sera enseignée dans les écoles primaires. Les autres candidats à son apprentissage bénéficieront de cours prodigués par des associations agréées. Les panneaux officiels en langue française, aux entrées de ville notamment, seront doublés en langue provençale. Digne offrira au Félibrige d'y accueillir l'une de ses annexes. Elle portera le nom de Paul Pons, félibre dignois.

65. Dignamix

Toi, maire de Digne, le plan d'eau des Ferréols accueillera chaque année, alors qu'il est vide, un festival de musique électronique baptisé *Dignamix.* Celui-ci durera deux jours et deux nuits et recevra des artistes locaux comme internationaux.

66. Marché provençal et paysan

Toi, maire de Digne, le marché provençal et paysan devra le rester. Le président de la commission des marchés sera chargé d'y veiller en refusant qu'il devienne, au fil du temps, un hypermarché à ciel ouvert, sans goût ni âme.

67. Rond-point de l'Étoile

Toi, maire de Digne, l'Étoile sera restituée au rond-point du même nom, à l'entrée du boulevard Gassendi.

68. Observatoire de Courbons

Toi, maire de Digne, un *observatoire du ciel et des étoiles* sera construit à Courbons. Il aura une portée éducative et touristique.

69. Permanence du maire

Toi, maire de Digne, tu tiendras une permanence chaque semaine pour écouter les habitants et tenter de les aider dans leurs difficultés.

70. Chasse au bitume

Toi, maire de Digne, le bitume sera déclaré indésirable partout où son usage est subsidiaire. La place Général de Gaulle ne ressemblera plus à une aire d'autoroute. Elle accueillera un pavage provençal tutoyant l'ocre des murs et celui de nouvelles fontaines en pierre. Des flaques de bitume, englouties par un gazon xérophile, s'élèveront oliviers et cyprès. Ils offriront l'asile aux passants mordus par le soleil d'été. Les espaces de stationnement qui encerclent le palais des congrès poursuivront leur vie sous les arbres. Le bitume qui y recouvre le sol sera remplacé par un revêtement perméable, moins complice du soleil par temps chaud.

71. Arbres remarquables

Toi, maire de Digne, les arbres remarquables de la ville seront identifiés et protégés de la destruction dans le plan local d'urbanisme intercommunal.

72. Festival annuel des églogues

Toi, maire de Digne, un *festival annuel des églogues* sera organisé chaque année à Saint-Pierre-de-Gaubert. Des poèmes bucoliques, en quatre strophes libres, y seront inventés sur place par les participants. Une sélection de poèmes sera publiée dans un recueil, beau livre tiré à cent exemplaires numérotés, sur papier japon. Les gagnants recevront récompenses et visibilité médiatique.

73. Stationnements verts

Toi, maire de Digne, la plupart des stationnements deviendront des parcs à voiture, au sens littéral du terme. La flore supportant le froid et la chaleur y sera invitée partout où cela est possible de sorte qu'il sera difficile de distinguer les voitures de la nature.

74. Chasse aux incivilités

Toi, maire de Digne, tout comportement incivil, indésirable ou agressif sera semoncé dans un premier temps, par l'entremise d'une police aussi municipale qu'urbaine, puis dénoncé aux autorités compétentes avec la plus grande fermeté. Les récalcitrants à la paix sociale se verront privés d'aides de toute nature apportées, le cas échéant, par l'administration municipale ou intercommunale.

75. Cahier de doléances

Toi, maire de Digne, un cahier de doléances sera accessible en permanence à l'accueil de la maire de Digne ainsi que sur Internet. Accessible à tous, il permettra à chaque habitant, y compris en dehors des périodes électorales, d'exprimer leurs souhaits et leurs récriminations quant à la gestion municipale de leur ville. Un fonctionnaire sera chargé d'apporter une réponse publique à chaque doléance. Les plus constructives ou de nature à nécessiter une réponse urgente de l'administration municipale seront discutées en conseil municipal.

76. Conseil municipal mensuel

Toi, maire de Digne, un conseil municipal se tiendra chaque mois, plutôt que chaque trimestre, pour répondre efficacement aux enjeux de développement et de préservation de la ville. Il sera diffusé en direct sur Internet, notamment sur les réseaux sociaux. Chacun sera libre de réagir librement en commentaires, dans le respect des lois, des règlements et de la courtoisie élémentaire.

77. Digne et rien que Digne

Toi, maire de Digne, tu exerceras ta charge exclusivement de toute autre. L'administration de la ville et la conduite des projets ne sauraient être diluées dans l'exercice de multiples fonctions.

78. Solliciter les députés et sénateur

Toi, maire de Digne, tu soumettras régulièrement au représentant de la Nation les doléances de ses habitants sous forme de proposition de loi.

79. Festival provençal des danses traditionnelles

Toi, maire de Digne, un festival provençal de danses traditionnelles sera organisé chaque année. Les gens seront par ailleurs invités à les pratiquer à l'occasion d'autres animations festives organisées dans la ville. Un *prix*

Frédéric Mistral sera décerné aux meilleurs danseurs.

80. Chasse au désert médical

Toi, maire de Digne, tu mèneras une politique proactive pour attirer, installer et maintenir les médecins dans le pays dignois. Des locaux professionnels et logements familiaux leur seront proposés à titre gracieux pendant s'ils s'engagent à maintenir leur activité au moins cinq ans.

81. Les portes de la ville

Toi, maire de Digne, les antiques portes d'entrée du pays dignois seront répertoriées, protégées et valorisées, voire reconstruites. Un petit livre pédagogique illustré leur sera consacré.

82. Rue de l'Hubac

Toi, maire de Digne, la rue de l'Hubac redeviendra provençale.

83. Limiter le nombre d'habitants

Toi, maire de Digne, la ville deviendra un havre de tranquillité active. Si elle parvient à redevenir attractive, le nombre d'habitants sera limité à trente mille pour maintenir le caractère intime, rural et protecteur de l'Étoile des Alpes.

84. Opérations d'intérêt intercommunal (O2i)

Toi, maire de Digne, tu instaureras le principe des opérations d'intérêt intercommunal (O2i). Elles concerneront des opérations d'aménagement qui répondent à des enjeux d'une importance telle qu'elle nécessite une mobilisation de la communauté d'agglomération et auxquelles celle-ci décide, par conséquent, de consacrer des moyens particuliers. Cet outil permettra de faire valoir la primauté des intérêts de l'agglomération dignoise sur les intérêts communaux.

85. Fertilisation organique

Toi, maire de Digne, les toilettes publiques, celles des administrations et établissements, dont la gestion est placée sous ton autorité, seront dotées d'un dispositif de séparation et de récupération des urines à fins de fertilisation organique de la végétation, en dehors des jardins partagés, arbres fruitiers et toute production destinée à la consommation humaine.

86. Réutiliser les eaux usées de la piscine

Toi, maire de Digne, les eaux usées des piscines, bassins et plans d'eau seront recyclées et utilisées pour arroser les espaces verts et alimenter les machines nettoyant les espaces publics de l'agglomération dignoise. Des cuves enterrées seront disposées à des endroits stratégiques pour permettre leur approvisionnement et leur délestage réguliers, en fonction des besoins et des saisons. Cette mesure permettra d'économiser des milliers de mètres cubes d'eau potable chaque année.

87. Tarification de l'eau indexée sur le comportement du consommateur

Toi, maire de Digne, les consommations des foyers en eau potable bénéficieront d'une tarification variable avec pour référence la consommation moyenne selon la taille du ménage. Si le foyer consomme moins que cette moyenne, il bénéficiera d'une tarification exponentiellement dégressive. Si, au contraire, elle est supérieure à cette moyenne, il sera soumis à une tarification exponentiellement progressive. Cette tarification aura pour objet d'inciter à améliorer les comportements individuels face à la gestion de la ressource collective en eau.

88. Réutilisation des eaux usées des ménages

Toi, maire de Digne, les eaux grises issues des éviers, lavabos, douches et appareils électroménagers des bâtiments publics de l'agglomération, seront filtrées et traitées pour remplir les cuves précédemment mentionnées.

89. Devoir de mémoire

Toi, maire de Digne, les plus vieilles tombes des cimetières, abandonnées ou en état de délabrement, seront entretenues et protégées aux frais de la collectivité. Aucune procédure de reprise, en vue d'une destruction, ne sera entreprise pour les vieilles pierres tombales d'intérêt historique local.

90. La galerie des Oubliés

Toi, maire de Digne, tu installeras au cœur de la ville une galerie d'art garnie de photographies et de portraits de Bas-Alpins inconnus, survivants des greniers, vétérans des caves, orphelins de brocantes. Cette *Galerie des Oubliés* offrira l'éternité à ces orphelins de la mémoire, à moins qu'un parent n'y reconnaisse et adopte l'un de ses aïeux. Elle sera installée dans l'ancienne imprimerie Eugène Vial, photographe historique de la ville.

91. La mairie ouverte en dehors des « heures de bureau »

Toi, maire de Digne, l'accueil du public sera proposé au-delà des « horaires de bureaux » afin de permettre à ceux qui travaillent d'accéder au service public proposé par la mairie.

92. Administration communale exemplaire

Toi, maire de Digne, l'incompétence, la nonchalance et l'arrogance seront déclarées incompatibles avec la fonction d'agent d'accueil des services municipaux. Les administrations communales et intercommunales devront se montrer exemplaires en tout point. Les meilleurs comportements seront récompensés.

93. Construction de toilettes publiques

Toi, maire de Digne, des toilettes publiques supplémentaires seront installées et entretenues sur le territoire communal, notamment dans les endroits les plus fréquentés. Leur présence sera signalée en ville et sur le site Internet de la mairie.

94. Géothermie pour chauffer les bâtiments municipaux

Toi, maire de Digne, les bâtiments publics gérés par la municipalité seront chauffés par des systèmes écologiques de type géothermie, quand cela sera techniquement possible. Des pompes à chaleur eau/eau, prises à la source de nos trois rivières, seront également installées partout où les conditions techniques le permettront.

95. Bannissement de l'écriture inclusive

Toi, maire de Digne, l'usage de la langue française sera respecté à la lettre dans les productions administratives de toute nature, officielles ainsi que promotionnelles, de la municipalité et des organes en dépendant. Ainsi, l'usage de l'écriture inclusive en sera-t-il proscrit.

96. Digne, ma vigne

Toi, maire de Digne, la vigne fera son grand retour sur nos coteaux.

97. Résurgence du Mardaric

Toi, maire de Digne, le Mardaric ne se cachera plus tout à fait. Tu lui offriras des résurgences là où il se trouve être le plus beau. Ainsi, inviteras-tu la nature en ville, car Digne ne doit pas devenir un îlot de bitume dans un océan de verdure, mais se laisser irriguer ostensiblement par les éléments naturels.

98. Maison de la Géologie et du Géoparc (MGG)

Toi, maire de Digne, un concours d'architecture sera organisé pour ériger, sur les ruines de l'office du tourisme, un bâtiment provençal, d'inspiration néoclassique, destiné à recevoir la *Maison de la Géologie et du Géoparc* (MGG). Il accueillera, en sus des services administratifs, des locaux destinés à accueillir des équipes de recherches scientifiques, un musée-découverte qui fera la part belle aux gemmes et cristaux, une salle d'exposition temporaire, une boutique, une buvette au rez-de-chaussée ainsi qu'un bar en toiture dont la vue panoramique donnera sur la Bléone.

L'entrée de la ville est le lieu approprié pour mettre en valeur l'une des plus belles spécificités du bassin dignois. Elle le sera bien davantage que dans le musée promenade qui y transférera toutes ses installations artistiques.

99. La plage de la Bléone

Toi, maire de Digne, tu aménageras la berge ouest de la Bléone aux endroits libérés par la reconfiguration de la gare routière. Le bitume sera détruit pour être remplacé par un revêtement en résine drainante, teinte sable. Un glacis léger emmènera les piétons vers les bords de la Bléone, aménagée à cet endroit de sorte qu'il sera possible de s'y rafraîchir en toute sécurité. Du mobilier urbain, en forme de chaises longues et de fauteuil club, y sera installé. Au plus près de la Bléone, sera aménagée une plage de galets fins permettant de s'y prélasser. Enfin, une retenue d'eau permettra de se baigner, par temps chaud, sans risque d'être emporté par le courant. La buvette du MGG servira toute l'année des boissons et encas aux badauds sur la plage de la Bléone.

100. Libérer les jardins du musée promenade

Toi, maire de Digne, tu aboliras le droit de péage réglementant l'accès des abords de l'ancien musée promenade. Chacun demeurera libre de s'y promener pendant les heures d'ouverture au public. Des cultures en restanque y seront entretenues à titre expérimental.

101. Accès libre au plan d'eau

Toi, maire de Digne, l'accès au plan d'eau demeurera libre et gratuit, sauf à l'occasion de certaines festivités.

102. Centre régional de recherche pour l'agriculture vivrière et la permaculture (CRRAVP)

Toi, maire de Digne, les locaux de l'ancien musée promenade accueilleront le *Centre régional de recherche pour l'agriculture vivrière et la permaculture* (CRRAVP), nouveau projet générateur d'emploi et de croissance économique raisonnable dans le bassin dignois. Concevoir des cultures, des lieux de vie autosuffisants et respectueux de l'environnement et des êtres vivants dans un contexte de raréfaction de la ressource en eau est un enjeu essentiel pour les habitants de territoires ruraux. La finalité de ces recherches sera de réapprendre aux gens à subvenir à une grande partie de leur propre besoin alimentaire, individuellement et collectivement, et de mener des recherches agronomiques, expérimentales, scientifiques et sociales permettant d'améliorer et de diffuser ces pratiques à travers la région PACA notamment.

103. Trois drapeaux sur le Rocher de neuf heures

Toi, maire de Digne, les drapeaux de la France, du comté de Provence et de Digne flotteront en permanence à son sommet, visibles depuis le cœur de la ville.

104.　L'Étoile de Saint-Vincent, symbole de la ville

Toi, maire de Digne, l'Étoile de Saint-Vincent deviendra le symbole officiel de la ville.

Elle paraîtra sur les documents officiels et ceux destinés à la communication, les tampons, les véhicules de service, tous les bâtiments et sites officiels dont la gestion revient à la municipalité.

105.　Allée des Étoiles

Toi, maire de Digne, des étoiles de Saint-Vincent en bronze seront scellées au sol dans divers endroits de la ville afin de proposer un parcours touristique et d'inviter les visiteurs à découvrir ses plus beaux sites via ce cheminement.

106. Le maire au balcon

Toi, maire de Digne, tu rendras compte aux habitants des actions de la municipalité, chaque trimestre depuis le balcon de l'hôtel de ville. Les habitants pourront t'interpeller sur la conduite desdites actions et tu seras tenu de répondre publiquement à leurs questions. Certaines affaires mineures pourront voir leur mise en œuvre soumise à la votation à main levée à ces occasions.

107. La lyre des Alpes

Toi, maire de Digne, le kiosque sis place Général de Gaulle sera rebaptisé pour évoquer une personnalité ou un évènement local. Plusieurs noms seront soumis au vote des Dignois, dont celui de « La Lyre des Alpes ».

108. Un moulin à papier recyclé

Toi, maire de Digne, un atelier de fabrication artisanale de papier recyclé sera installé dans le pays dignois dans un moulin à papier qui sera à construire sur le site de l'ancien musée Promenade. Son fonctionnement artisanal aura essentiellement une portée pédagogique et permettra néanmoins de fournir l'école d'art épistolaire *Madame de Sévigné* et les amateurs de papiers haut de gamme.

109. Jour du soulèvement tibétain

Toi, maire de Digne, la municipalité célébrera, en présence de dignitaires en exil, le jour du soulèvement tibétain, le 10 mars de chaque année. Une stèle sera inaugurée, promenade du Tibet, pour alerter l'opinion publique sur le génocide par substitution, ainsi que l'exprimait Aimé Césaire, subi par le peuple tibétain par les autorités chinoises.

110. Hommage à Marie-Madeleine Peyronnet

Toi, maire de Digne, il sera rendu hommage à Marie-Madeleine Peyronnet, secrétaire particulière et confidente de l'exploratrice Alexandra David-Néel, en baptisant de son nom un lieu de la ville.

111. Digne à vélo

Toi, maire de Digne, des pistes cyclables perméables seront développées dans toute la ville pour permettre la circulation des vélos et des trottinettes électriques en toute sécurité. Des abris à vélo télésurveillés, dotés de bornes de recharge électrique solaires, viendront compléter ce dispositif.

112. Grand banquet du feu de la Saint-Jean

Toi, maire de Digne, le feu de la Saint-Jean sera allumé à chaque solstice d'été. Un cortège populaire animé portera la flamme depuis La Javie pour arriver à Digne en fin de journée. Le soir, un grand banquet sera organisé sur la place Général de Gaulle. De larges tables en bois, accolées les unes aux autres, formeront un *U* ouvert sur le feu de la Saint-Jean, installé au pied de la statue de Gassendi. Des orchestres feront vibrer, depuis le kiosque à musique, les danseuses et les danseurs se mouvant autour du feu. Un carnet de chant traditionnel sera délivré à chaque participant et les danses provençales auront la part belle au cours de cette soirée. Un feu d'artifice, lancé depuis le rocher de neuf heures éclairé pour l'occasion, clôturera la festivité. Toutes les mesures de sécurité, notamment incendie, seront prises pour éviter des départs de feu.

113. Fête de la pistole

Toi, maire de Digne, un aïoli traditionnel sera proposé aux habitants dans les nouveaux vergers du pigeonnier à l'occasion de la *fête de la pistole*, chaque mois de septembre. Des orchestres traditionnels et modernes seront invités à faire danser les habitants jusque tard dans la nuit.

114. Un prénom pour la vie

Toi, maire de Digne, il sera demandé aux officiers d'état civil d'être particulièrement vigilant aux prénoms donnés aux nouveaux nés afin de préserver leurs intérêts et leur dignité. Tout prénom contraire à l'intérêt de l'enfant et de la France sera refusé.

115. Le Cousson, partout

Toi, maire de Digne, tu préserveras la vue sur le Cousson, depuis tous les sites sensibles du bassin dignois. Une cartographie des points de vue et paysages remarquables sera fabriquée et rendue disponible à l'office du tourisme. Un aménagement léger, discret et démontable, sera installé aux plus beaux endroits répertoriés pour y profiter de la vue.

116.   Beautés cachées

Toi, maire de Digne, un marathon photo sera organisé dans la ville, au mois de juin de chaque année, sur le thème des *beautés cachées.* Il s'agira de mettre en valeur le banal, le commun ou les points de vue méconnus du territoire de l'agglomération dignoise. Il s'achèvera par un bivouac au sommet du Cousson. Les meilleures participations seront récompensées et un ouvrage collectif sera publié pour valoriser les meilleures photos.

117.   Art postal

Toi, maire de Digne, un appel à art postal sera organisé chaque année sur le thème de l'étoile de Saint-Vincent. Les artistes du monde entier seront invités à envoyer un courrier (lettre, carte, carton, objet, etc.), prenant la forme d'une production artistique. Chaque courrier reçu sera exposé dans une salle municipale et les gagnants recevront une dotation en espèces ainsi qu'un lot de récompenses culturelles. Chaque courrier reçu sera publié dans un catalogue d'exposition imprimé en cent exemplaires numérotés.

118.   Les peintres du Cousson

Toi, maire de Digne, en écho à ce marathon photo, sera organisé chaque année un concours de peinture « grand format », en plein air, sur le thème de la montagne du Cousson. Tous les styles seront acceptés et trois formats de toile seront proposés. L'œuvre gagnante sera exposée au musée Gassendi et les autres sélections du jury seront exposées dans des bâtiments municipaux.

119.   La Tyrolienne du Cousson

Toi, maire de Digne, une Tyrolienne géante sera installée à l'arrière du Cousson jusqu'au village d'Entrages. La présence discrète de cette nouvelle activité ludique permettra l'installation d'un café-épicerie dans le village.

120. Citoyens d'honneur

Toi, maire de Digne, trois personnes seront déclarées chaque année citoyens d'honneur de la ville de Digne pour leur engagement, leur dévouement et leurs travaux en faveur de la ville. Un appel à profil sera organisé annuellement, en partenariat avec la presse locale, pour désigner de potentiels candidats par leurs proches. Les citoyens d'honneur recevront les honneurs et la médaille de la ville ainsi que des chèques cadeaux d'un montant de mille euros pour être dépensés chez les commerçants de l'agglomération.

121. Calendrier annuel des évènements

Toi, maire de Digne, un calendrier annuel des évènements sera publié chaque année et distribué gratuitement aux habitants de l'agglomération ainsi qu'aux touristes. Sa mise à jour sera disponible sur un site Internet dédié.

122.   Fontaines et lavoirs

Toi, maire de Digne, les fontaines et lavoirs disparus seront restitués à la ville à partir des témoignages écrits et des plans historiques. Ils retrouveront leur place originelle dans le palimpseste dignois.

123.   Plan de Reconquête de nos Villages (PRV)

Toi, maire de Digne, les villages désertés bénéficieront d'un nouveau souffle de vie grâce à l'accueil de télétravailleurs. Des bâtiments, connectés à l'Internet haut débit, pourvoyeurs de paysages, de silence et de goût, accueilleront ces nomades du tertiaire en manque d'authenticité. Archail, Draix, Entrages, les Hautes-Duyes, Barles ou Prads-Haute-Bléone seront des candidats sérieux à ce Plan de Reconquête de nos Villages (PRV). L'attraction des télétravailleurs dans la commune sera favorisée par une politique idoine. Des navettes desserviront lesdits villages depuis et vers plusieurs endroits à Digne et d'autres communes de l'agglomération. Une *Maison du télétravail* permettra aux télétravailleurs de se rencontrer, de se réunir et de s'associer. Elle sera installée à Digne, cours des Ares, dans la friche laissée par le départ d'une banque agricole.

124.   L'Homme et le Loup

Toi, maire de Digne, tu porteras, auprès des autorités compétentes, le projet de création et d'installation, à Digne, d'un département scientifique de l'Institut national de recherche pour l'agriculture, l'alimentation et l'environnement (INRAE) dédié au pastoralisme et aux enjeux liés à la cohabitation avec le loup.

125.   Hommage aux victimes de la peste de 1629

Toi, maire de Digne, tu feras poser une plaque commémorative au Près-de-Foire, à l'endroit même où d'immenses fosses communes, dans lesquelles on amoncelait dans la précipitation les cadavres de milliers de Dignois, furent creusées au cours de la terrible peste de 1629 et son confinement meurtrier. Un monument commémorant cet évènement aussi tragique qu'oublié sera installé à Saint-Lazare, là où étaient envoyés les pestiférés. L'inauguration et la célébration auront lieu le 30 mars, jour où la ville de Digne connu la fin de son blocus par les autorités, suivi d'un *Te Deum* solennel en la cathédrale Saint-Jérôme.

126. Fonds d'aide à la création et à la production cinématographique et audiovisuelle (CINEDIGNE)

Toi, maire de Digne, sera créé un Fonds d'aide à la création et à la production cinématographique et audiovisuelle (CINEDIGNE) par la communauté d'agglomération. Ce fonds proposera une aide matérielle, financière et technique à toute production permettant la mise en valeur de notre territoire. Il dressera l'inventaire des décors et lieux de tournage significatifs sur le territoire de Digne et ses environs, mettra en relation l'équipe de tournage avec les techniciens, prestataires, comédiens et figurants des Alpes du sud. CINEDIGNE sera l'interlocuteur référent pour les tournages afin de répondre rapidement à toute demande de repérage et/ou tournage sur son territoire.

127. Les habitants aux commandes

Toi, maire de Digne, une partie du budget de la commune et de l'agglomération sera mise à disposition pour réaliser des projets proposés et votés par les citoyens, habitants ou organisations publics et privées du territoire, œuvrant pour l'intérêt général. Chaque début d'année, les habitants seront invités à déposer leurs propositions sur un site Internet *ad hoc.* Toutes les idées jugées techniquement et financièrement réalisables par un jury tripartite seront soumises au vote tout au long de l'année. Les projets élus seront mis en exécution dès l'année suivante.

128. Critiques constructives

Toi, maire de Digne, les critiques seront traitées en priorité si elles sont accompagnées de propositions visant à améliorer le service public.

129. Bureaux partagés

Toi, maire de Digne, des bureaux seront proposés à la location, dans des endroits stratégiques du territoire, pour permettre aux travailleurs nomades de s'y installer, à l'heure ou à la journée, et bénéficier d'un cadre agréable et d'une belle vue.

130.   Digne, capitale de la Haute-Provence

Toi, maire de Digne, tu œuvreras pour que la ville devienne la capitale culturelle, écologique et économique de la Haute-Provence en moins de trente ans.

131.   Priorité aux paysages

Toi, maire de Digne, la préservation du paysage sera prioritaire. Aucun projet ne verra le jour sans le respecter ou l'enrichir avec goût.

132.   Télé Digne

Toi, maire de Digne, tu créeras *Télé Digne,* une chaîne de télévision locale, adossée à une station de radio et à des réseaux sociaux, qui traitera de l'information, des animations et de l'actualité de Digne et du bassin de vie dignois. Elle mettra en valeur ceux qui participent activement à la vie locale et proposera des partenariats de contenu avec d'autres chaînes et stations d'information locale.

133.   De la Pénétrante

Toi, maire de Digne, la silhouette de la ville depuis la *Pénétrante* sera protégée, magnifiée, sanctuarisée.

134.   Abattage rituel

Toi, maire de Digne, l'abattage rituel des animaux sera interdit dans les abattoirs de la ville et de l'agglomération.

135.   Nouveau chenil municipal

Toi, maire de Digne, un nouveau chenil sera construit en lieu et place de l'actuel chenil, méritant, mais vieillissant. Chaque animal disposera d'un espace adapté, spacieux et confortable. Des enclos plus grands et plus ouverts seront aménagés, permettant aux animaux de se déplacer librement et d'exprimer leur nature. Des niches et des abris douillets offriront des recoins chaleureux pour se reposer et se sentir en sécurité. En matière de soins vétérinaires, tu mettras en place un partenariat solide avec des professionnels de la santé animale. Un vétérinaire résident sera présent au refuge pour assurer un suivi régulier de la santé des animaux et prodiguer les traitements nécessaires.

136. Déjections canines

Toi, maire de Digne, des espaces clos réservés aux déjections canines seront installés dans les rues principales, places et espaces verts de la ville.

137. Protection et bien-être animal

Toi, maire de Digne, une politique active sera menée pour assurer la protection et le bien-être des animaux de compagnie. Cette politique consistera à :

- Adopter des politiques favorables aux animaux en protégeant leur bien-être, en gérant les animaux errants, en interdisant la vente de chiots issus d'élevages purement mercantiles et en encourageant l'adoption d'animaux du refuge municipal.
- Sensibiliser les propriétaires d'animaux à la stérilisation et à la castration pour prévenir la

surpopulation et réduire le nombre d'animaux errants.

- Encourager l'adoption responsable à travers des évènements réguliers et des partenariats avec le refuge et les associations locales, mettant en avant les avantages de l'adoption par rapport à l'achat.
- Fournir des ressources éducatives, des formations et des ateliers aux propriétaires d'animaux pour promouvoir les bonnes pratiques de soin et de responsabilité envers les animaux.
- Collaborer étroitement avec les vétérinaires dignois pour assurer des services abordables et des soins de santé préventifs pour tous les animaux.

138. La marche de l'Empereur

Toi, maire de Digne, tu organiseras une reconstitution annuelle sur la route Napoléon pour entretenir le souvenir de sa traversée de notre territoire. Cette reconstitution historique durera trois jours, dans plusieurs sites de l'agglomération dont Digne et Malijai. Elle sera l'occasion de transmettre et faire perdurer notre histoire dont profiteront les activités économique et culturelle dignoises.

139. L'Évêché de Digne

Toi, maire de Digne, l'évêché retrouvera son siège à Digne. Érigé au IVe siècle, le diocèse de Digne s'est établi en 2016 à Peyruis pour d'obscurs motifs. La nouvelle attractivité donnée à Digne permettra de convaincre les autorités de l'église de réparer cette erreur d'appréciation.

140. Musée de la vie à Digne

Toi, maire de Digne, la maison de Monseigneur de Miollis, évêque de Digne ayant inspiré à Victor Hugo le personnage de Mgr Myriel dans Les Misérables, sera acheté par la ville pour en faire un musée-reconstitution autour de la vie des Dignois à son époque.

141. Uniforme obligatoire à l'école

Toi, maire de Digne, l'uniforme sera obligatoire dans tous les écoles primaires et centres d'instruction dépendant de la municipalité. Le port de l'uniforme sobre et élégant aux couleurs historiques de la ville permettra de réduire les discriminations socio-économiques et culturelles entre élèves liés à la compétition vestimentaire. L'uniforme contribuera à créer un sentiment d'appartenance à une communauté scolaire et à favoriser la discipline et le respect de l'autorité, bénéfique pour l'apprentissage et le comportement des élèves en société.

142. Remise des prix et tableaux d'honneur

Toi, maire de Digne, tu restaureras les remises des prix et des tableaux d'honneur au sein de nos écoles pour mettre fin à l'égalitarisme aveugle qui nivelle vers le bas et rendre à la méritocratie ses lettres de noblesse. Seuls les critères de mérite et d'effort seront retenus pour mettre les élèves à l'honneur par la distribution de prix et de lots de livres éducatifs. À l'occasion des fêtes de fin d'année qui se tiennent dans les écoles primaires, des cérémonies officielles seront organisées en présence du directeur de l'école et d'un élu, au cours desquelles le mérite, le travail et la conduite exemplaires seront publiquement récompensés.

143. Uniforme fabriqué en Provence

Toi, maire de Digne, les uniformes scolaires seront conçus et produits par une entreprise textile de la région PACA, si possible du bassin Dignois. Le cahier des charges du marché public y veillera.

144. Flammes postales

Toi, maire de Digne, tu feras apposer, sur chaque courrier expédié par l'administration, des flammes postales à l'effigie de Digne, du pays dignois, des grands évènements qui s'y sont déroulés et des grands Hommes qui y sont liés.

145. Aire de camping-car aménagée

Toi, maire de Digne, tu aménageras une aire de camping-car respectueuse du paysage qui l'entoure en lieu et place du stationnement délabré y tenant lieu en front de Bléone.

146.   Chapelle de la Sainte-Enfance

Toi, maire de Digne, tu aménageras l'ancienne chapelle de l'ancien couvent de la « Sainte-Enfance », désacralisée, pour y consacrer des expositions artistiques. L'ancienne chapelle portera le nom de la dignoise, Sœur Marie-Gabriel, Juste parmi les nations, qui sauva, pendant la dernière guerre, des dizaines d'enfants de la Déportation nazie.

147.   Livre voyageur

Toi, maire de Digne, les livres déclassés de la médiathèque seront, pendant la période estivale, disséminés sur le mobilier urbain et les éléments d'architectures qui parcourent la ville pour venir à la rencontre du lecteur qui pourra les emporter avec lui.

148.   Sport au Sièyes

Toi, maire de Digne, tu rendras à la nature le terrain de basket des Sièyes, couvert de bitume et impraticable. Une partie de cet espace rendu à la nature accueillera un stade urbain laissant respirer le sol et épargnant les genoux des pratiquants.

149. Bléone sportive

Toi, maire de Digne, tu feras rénover les terrains de sports en bord de Bléone afin qu'il absorbe les coups, le froid et la chaleur en toute saison.

150. Ombrières et eau de pluie

Toi, maire de Digne, tu inciteras, par un accompagnement technique et financier, l'installation d'ombrières photovoltaïques sur les stationnements privés et publics et la récolte d'eau de pluie, dans le respect de nos traditions architecturales et de nos paysages.

151. Naviguer sur la Bléone

Toi, maire de Digne, tu rendras la Bléone praticable pour les sports d'eau vive quand les conditions hydrologiques, météorologiques et écologiques le permettront.

152. Protéger l'Étoile de Saint-Vincent

Toi, maire de Digne, la fabrication de bijoux artisanaux autour du pentacrine de synthèse sera encouragée. Les dénominations *Étoile de Saint-Vincent, Étoile des Alpes* et ses dérivés feront l'objet d'une indication géographique protégée (IGP).

153. Agence de Développement de l'Étoile des Alpes (ADEA)

Toi, maire de Digne, la promotion et la protection des bijoux et produits dérivés autour de *l'Étoile des Alpes* seront assurées par l'Agence de Développement de l'Étoile des Alpes (ADEA). Elle assurera le développement de cette indication géographique protégée, symbole officiel de la ville de Digne et du pays dignois, vecteur de son attractivité et de son dynamisme.

154. Musée de l' *Étoile des Alpes*

Toi, maire de Digne, tu feras l'acquisition du premier atelier familial du bijoutier Antoine Colomb, co-inventeur de l'étoile de Saint-Vincent avec son père, pour en faire un musée consacré au célèbre bijou dignois et qui sera baptisé *A l'Étoile des Alpes.*

155. Centre de recherche régional sur l'extraction écologique du gaz et du pétrole de schiste (C2R2EGPS)

Toi, maire de Digne, un centre de recherche régional sur l'extraction écologique du gaz et du pétrole de schiste (C2R2EGPS) s'implantera à Digne, dans la zone industrielle Saint-Christophe, à l'emplacement de l'ancien établissement Peugeot, actuellement en friche. Il accueillera une équipe pluridisciplinaire internationale chargée d'identifier les sites les plus propices à l'extraction écologique du gaz de schiste dans la région sud-est de la France et de mettre au point des procédés innovants d'extraction propre de ces énergies fossiles. La création et le fonctionnement du C2R2EGPS seront financés par des fonds essentiellement privés dans le cadre d'un partenariat public-privé.

156. De gré ou de force

Toi, maire de Digne, le droit de préemption, les déclarations d'utilité publique et tous les outils fonciers seront utilisés aussi souvent que nécessaire, après plusieurs phases d'échange et de négociation amiables, avec les propriétaires des terrains identifiés pour y développer des projets d'intérêt général.

157. Subventionner la recherche scientifique et littéraire locale

Toi, maire de Digne, tu alloueras des moyens supplémentaires pour le développement et la promotion des travaux de la Société Scientifique et Littéraire des Alpes de Haute-Provence.

158. Journées du nettoyage

Toi, maire de Digne, tu organiseras des journées de ramassage des déchets dans la nature, notamment dans la Bléone, aux abords des chemins de randonnée et dans tous les lieux publics non entretenus par la collectivité. Des récompenses seront attribuées aux participants et leur action valorisée.

159. Territoire zéro déchet

Toi, maire de Digne, un concours annuel Zéro Déchet sera organisé sur le territoire de l'intercommunalité. Aucune tarification au poids ne sera mise en œuvre dans le cadre du ramassage et de traitement des ordures ménagères, mais un tarif dégressif sera appliqué à tous les foyers produisant moins que la moyenne des foyers de même taille. Les foyers parvenant à réduire leur production de déchets de plus de 80 % ne paieront pas de taxe.

160. Économie d'énergies

Toi, maire de Digne, tu mettras en place la télégestion de l'éclairage public à Digne. Ainsi segmentée par zone et gérée à distance en fonction de multiples paramètres tels que l'exposition et la fréquentation, la gestion de l'éclairage public sera une source d'économie d'énergie pour la collectivité.

161. Utilisation des pièces jaunes

Toi, maire de Digne, le centime sera réhabilité. Des distributeurs de denrées alimentaires et de services simples, n'acceptant que les pièces jaunes, seront implantés dans plusieurs endroits du bassin dignois afin de permettre la réutilisation intelligente des petites pièces de 1 à 50 centimes qui, souvent, meurent dans nos poches. Des distributeurs de confiseries et gâteaux locaux, de bons d'achat et de cartes de recharge (téléphonie, abonnements, etc.) seront proposés dans les espaces publics, locaux associatifs et entreprises notamment.

162. Chasse aux passoires thermiques

Toi, maire de Digne, tu feras mener des études thermographiques dans toute la ville afin d'identifier précisément les locaux souffrant d'importantes déperditions de chaleur. À l'issue de ces études, des accompagnements techniques et financiers seront proposés aux propriétaires de locaux en grave déficit thermique, en lien avec des partenaires privés et institutionnels pour améliorer leur isolation.

163. Référendum local

Toi, maire de Digne, tu consulteras les habitants avant la mise en œuvre de chaque grand projet par référendum local, à l'exclusion des projets Fonds numérique de développement local (FNDL), répondant à un modèle participatif particulier. Si un projet ne recueille pas la majorité des voix, il ne sera pas mis en œuvre en l'état. Les propositions émises par les habitants seront prises en compte et le grand projet sera soumis à un nouveau vote. En cas de second refus, le projet sera définitivement abandonné, sous toutes ses formes.

164. Zones franches

Toi, maire de Digne, tu poursuivras les efforts d'assainissement des finances publiques locales. Des mesures d'exonération de taxes locales seront néanmoins appliquées dans des zones franches qui seront créées dans plusieurs quartiers de la ville, en particulier dans le centre ancien. Ces mesures, à destination des commerçants et des habitants, participeront à la redynamisation du centre ancien.

165. Espace d'accueil d'urgence de la petite enfance (EAUPE)

Toi, maire de Digne, la crèche intercommunale sera agrandie d'un espace d'accueil d'urgence de la petite enfance (EAUPE) pour accueillir les enfants ne trouvant pas de crèche, en complément des crèches privées et pour pallier leurs éventuelles carences de capacité d'accueil. Cet espace de secours sera accessible sur présentation d'un justificatif d'au moins deux crèches privées attestant de leur incapacité matérielle à accueillir le ou les enfants concernés.

166. Stationnement intelligent

Toi, maire de Digne, tu mettras en place un système de stationnement intelligent dans tous les stationnements de la ville. Ce système permettra, à l'aide de nombreux capteurs, d'informer en temps réel les gestionnaires municipaux et les usagers des disponibilités de stationnement secteur par secteur, par affichage sur panneaux à LED. Un système de tarification adapté permettra d'ajuster le tarif horaire de stationnement en fonction de la circulation, certains jours à certains endroits (exemple : jour de marché) afin d'augmenter la disponibilité des places au plus grand nombre.

Ainsi, plus les places seront rares, plus le tarif augmentera après une certaine durée de stationnement pour en limiter la rétention.

167. Éloge de la lenteur

Toi, maire de Digne, la ville rejoindra le programme mondial *Cittaslow,* faisant l'éloge de la lenteur, synonyme de qualité de vie dans les petites villes européennes. Lenteur n'étant synonyme d'oisiveté ni d'inefficacité, mais de savoir-vivre dans des espaces propices à l'épanouissement des relations humaines. Le manifeste Cittaslow comporte soixante-dix recommandations et obligations, dont les principales seront mises en œuvre :

- Mise en valeur du patrimoine urbain historique ;
- Réduction des consommations énergétiques ;
- Promotion des technologies écologiques ;
- Multiplication des espaces verts et des espaces de loisirs ;
- Propreté de la ville ;
- Priorité aux transports en commun et autres transports non polluants ;
- Diminution des déchets et développement de programmes de recyclage ;

- Multiplication des zones piétonnes ;
- Développement des commerces de proximité ;
- Développement d'infrastructures collectives et d'équipements adaptés aux handicapés et aux divers âges de la vie ;
- Développement d'une véritable démocratie participative ;
- Préservation et développement des coutumes locales et produits régionaux.

168. Harmonie visuelle des commerces

Toi, maire de Digne, les enseignes publicitaires et celles des commerces seront strictement réglementées afin d'atteindre l'harmonie visuelle qui les rendra aussi visibles que discret, porter un cachet aux rues et places commerçantes de la ville.

169. Fonds Local de Revitalisation Commerciale (FLRC)

Toi, maire de Digne, les locaux commerciaux insalubres ou inadaptés seront rachetés par un Fonds Local de Revitalisation Commerciale (FLRC). Ce fonds *ex nihilo* sera créé en partenariat avec l'UE, la région, l'État et des partenaires privés. Les locaux identifiés seront modernisés, dans le respect des traditions architecturales locales et proposés à des exploitants avec option d'achat au prix du marché. À terme, cette démarche doit permettre d'assurer le développement et l'harmonisation de la façade des commerces, de leurs enseignes et préenseignes, de la rue de l'Hubac, du pied-de-ville, du boulevard Gassendi et des secteurs dégradés de la ville de Digne pour la rendre architecturalement et commercialement plus attractive. Un règlement local de publicité intercommunal sera prescrit pour renforcer l'harmonisation visuelle des commerces dans l'agglomération dignoise.

170. Conseil d'architecture, d'urbanisme et de l'environnement intercommunal (CAUEi)

Toi, maire de Digne, tu installeras, en l'absence de conseil d'architecture, d'urbanisme et de l'environnement (CAUE) départemental, un conseil d'architecture, d'urbanisme et de l'environnement intercommunal (CAUEi), chargé de prodiguer gratuitement des conseils architecturaux et d'aménagement auprès des maîtres d'ouvrage, des collectivités territoriales et des particuliers. Cette institution, créée *ex nihilo,* tiendra une permanence hebdomadaire dans les locaux de la mairie de Digne et sera garante, dans sa mission de conseil, de l'unité paysagère et architecturale des projets qui seront soumis à son regard.

171. Information et actualités intercommunales

Toi, maire de Digne, tu apporteras des transformations dans la publication du journal d'information local afin qu'il ne soit plus nécessaire d'abattre une forêt entière pour en tirer des feuilles d'un tel grammage. Le journal sera publié sur papier recyclé 80 g et limité en nombre de pages. Les informations relatives aux projets de l'agglomération seront traitées ainsi que les projets concernant la ville de Digne. Chaque commune sera mise à l'honneur et le journal sera distribué gratuitement dans chaque foyer de l'agglomération. Afin d'éviter l'exclusion numérique des personnes âgées et en difficulté avec l'utilisation d'Internet, ce journal intercommunal contiendra un bulletin de participation aux votes, le cas échéant, pour les grands projets concernant la ville ou l'agglomération.

172. Respect de la langue française

Toi, maire de Digne, tout anglicisme sera banni de la rédaction des documents officiels, des documents de communication et des discours lorsqu'un mot français pourra être utilisé, c'est-à-dire tout le temps.

173. Méthaniseur intercommunal

Toi, maire de Digne, les déchets verts intercommunaux, notamment en provenance des exploitations agricoles, cantines, restaurants, espaces verts et particuliers, seront spécialement triés pour être traités dans un méthaniseur intercommunal. Ce méthaniseur permettra la valorisation énergétique des déchets pour les transformer en gaz de ville, carburant, électricité (par cogénération) et fertilisants qui seront utilisés localement. Il sera construit loin des habitations et autres lieux de vie afin de ne pas nuire.

174. Campings dignois

Toi, maire de Digne, tu mèneras une politique incitative pour le développement des aires de camping attractives dans les lieux les plus propices au tourisme et à la contemplation de la nature, tout en étant à proximité des commodités offertes par la ville.

175. Églises ouvertes

Toi, maire de Digne, les lieux de culte historiques de la ville seront ouverts et surveillés en permanence pendant la journée pour permettre aux croyants de pratiquer leur culte et aux amoureux du patrimoine de contempler nos merveilles architecturales chrétiennes.

176. Festival international de la vielle à roue

Toi, maire de Digne, tu organiseras un festival international de la vielle à roue. La musique de cet instrument médiéval presque oublié résonnera dans les rues de la vieille ville et des concerts seront donnés l'été pendant trois jours consécutifs dans différents lieux emblématiques du pays dignois, comme sur le parvis de la cathédrale Saint-Jérôme. Un concours dévoilera les jeunes talents capables de créer des compositions originales classiques et modernes en alliant cette sonorité très particulière avec d'autres, plus électronique.

177.   Le Pont des Arts

Toi, maire de Digne, l'ancien pont des arches sera sauvegardé et réhabilité pour devenir le pont des arts. Il sera couvert pour accueillir une salle d'exposition et un restaurant avec une vue imprenable sur la Bléone.

178.   Consignes à bagages pour les voyageurs

Toi, maire de Digne, tu installeras dans plusieurs endroits de la ville des consignes gratuites et sécurisées pour que les voyageurs en transit puissent y entreposer temporairement leurs bagages, vêtements ou casques de moto.

179.   Obligation de résultat pour les associations

Toi, maire de Digne, les subventions accordées aux associations seront conditionnées à une obligation de résultat, c'est-à-dire de service rendu au public. Chaque année, les associations subventionnées devront présenter un rapport d'activité et de projets de l'année N+1 pour prétendre au renouvellement de leur subvention.

180. Open de tennis du pays dignois

Toi, maire de Digne, la ville organisera tous les deux ans un open de tennis d'envergure nationale. Pour y parvenir, la ville soutiendra la rénovation des courts existants et la création d'un court central entouré de gradins. Les dotations seront importantes et proviendront notamment du mécénat d'entreprise.

181. Front de Bléone

Toi, maire de Digne, la digue bordant la rive gauche de la Bléone le long de l'avenue Demontzey sera aménagée de manière à susciter la flânerie et les promenades piétonnes et cyclistes sur le front de Bléone.

182. Digne, ici Digne

Toi, maire de Digne, des panneaux de signalisation touristique seront installés aux abords des sorties de l'autoroute A51 desservant Digne et sa communauté d'agglomération afin d'attirer l'attention des touristes.

183. Danser sur le Boulevard

Toi, maire de Digne, le boulevard Gassendi sera rendu aux piétons chaque samedi soir du 15 juin au 15 septembre. Un ou plusieurs concerts s'y tiendront et les commerçants seront invités à rester ouverts plus tardivement. Un bal sera organisé chaque dernier samedi du mois autour du kiosque.

184. Nouvelle maison d'arrêt

Toi, maire de Digne, la maison d'arrêt située sur le point haut de la vieille ville sera vidée de ses occupants qui purgeront leur peine dans un nouveau bâtiment après échanges avec le ministère de la Justice. Ce nouveau bâtiment sera construit sur le territoire de l'agglomération dignoise.

185. Auberge de jeunesse internationale

Toi, maire de Digne, les trente-cinq cellules de l'ancienne prison seront aménagées en dortoirs et chambre d'une auberge de jeunesse internationale. La cour de promenade sera accessible à tous et transformée en belvédère public. Un café-restaurant sera autorisé à exploiter les lieux par autorisation d'occupation temporaire du domaine public.

186. Chasse aux ronds-points laids

Toi, maire de Digne, tu feras la chasse aux ronds-points laids. Les vieilles installations en métal bleu, actuellement installées sur certains ronds-points et vantant le thermalisme de la ville, seront modernisées et donneront une image élégante, moderne et attractive de Digne.

187. Au Pré de Foire

Toi, maire de Digne, la place du Général de Gaulle retrouvera son ancien nom d'usage : le Pré de Foire. Un autre lieu emblématique de la ville rendra hommage au Général.

188. Médaille de la ville

Toi, maire de Digne, la médaille de la ville sera remise chaque année aux agents municipaux les plus dévoués.

189. Intelligence artificielle

Toi, maire de Digne, l'intelligence artificielle sera utilisée par les services municipaux quand sa fiabilité sera assurée. Elle permettra des gains de productivité et améliorera la rapidité d'exécution de certains services. Le temps libéré ne sera pas l'occasion de supprimer des emplois, mais permettra aux agents d'accorder davantage de temps au contact direct avec les Dignois.

190. Centre régional de recherche et d'innovation par l'intelligence artificielle (C2R2ia)

Toi, maire de Digne, un centre régional de recherche et d'innovation par l'intelligence artificielle (C2R2ia) sera installé dans des bureaux vacants sis boulevard Gassendi. Ils auront pour vocation de développer des solutions innovantes en utilisant l'intelligence artificielle avec l'API d'une application de type

Chat GPT (application pour téléphones, aide à la rédaction, aide à la décision, développement d'outils professionnels d'analyse juridique et technique, etc.). Le C2R2ia devra être un incubateur d'idées permettant d'augmenter l'efficacité et l'originalité des projets au service de la collectivité.

191. Café des langues étrangères

Toi, maire de Digne, tu mettras en place un café des langues chaque jeudi soir, en partenariat avec un bar de la ville. Chaque table sera ornée d'un drapeau correspondant à la langue parlée autour de la table. Ces soirées seront dédiées aux échanges linguistiques et culturels en fonction du nombre et de la diversité des participants.

192. Fêtes votives

Toi, maire de Digne, la célébration des fêtes votives sera maintenue, renforcée et renouvelée.

193. Commission intercommunale de la nature, des paysages et des sites (CINPS)

Toi, maire de Digne, tu installeras la commission intercommunale de la nature, des paysages et des sites (CINPS) du pays dignois. Cette commission *ex nihilo* aura pour objet d'émettre un avis consultatif et des recommandations sur tout projet de construction de plus de 150 m² visible depuis l'espace public. Sa vocation sera d'assurer l'harmonisation paysagère de l'ensemble des constructions dans le respect des codes architecturaux des lieux où elles prétendent s'implanter.

194.   Retour du cheval dans nos rues

Toi, maire de Digne, l'usage utilitaire et esthétique du cheval sera réintroduit dans nos paysages urbains et campagnards. La mairie donnera l'exemple en instaurant une section de police municipale montée composée de deux unités. Elle patrouillera de jour dans les lieux fréquentés de la ville.

195.   Étude après la classe

Toi, maire de Digne, l'Étude après la classe sera rétablie dans toutes les écoles

primaires de la ville. Elle complétera l'offre
périscolaire ludique et offrira aux élèves un
moment privilégié pour faire leurs devoirs sous
le compagnonnage d'un professeur des écoles
ou d'un professionnel de l'éducation. Cette
mesure permettra aux enfants de gagner en
assurance et en compétence et aux parents qui
travaillent d'alléger leurs charges, sans pour
autant s'y substituer, en rentrant du travail
chaque soir. L'Étude sera offerte deux fois par
semaine à tous les élèves et sera payante pour
chaque jour supplémentaire, au même tarif que
le périscolaire ludique.

196. Centrale d'achat alimentaire intercommunale (C2AI)

Toi, maire de Digne, tu mettras en place
une centrale d'achat alimentaire
intercommunale (C2AI) pour permettre aux
cantines et restaurants de la ville de
s'approvisionner à moindre coût en produits
alimentaires locaux. Cette centrale d'achat *ex
nihilo* sera un vecteur majeur de distribution
locale pour les agriculteurs du pays dignois et
des Alpes de Haute-Provence. Elle permettra
aux producteurs d'écouler une partie de leur
production à un prix de vente supérieur à ce

qu'offrent les centrales d'achat des grandes surfaces, mais inférieur au prix du marché de détail. Elle permettra d'offrir aux élèves fréquentant les cantines de bénéficier régulièrement de produits frais, locaux et issus de circuits courts et aux producteurs de faire la promotion de leur activité. Les restaurants, épiceries et commerces de bouche pourront faire appel à la C2AI pour bénéficier de prix de gros.

197. Digne à tout âge

Toi, maire de Digne, la ville ne se transformera pas en mouroir à ciel ouvert. La Silver economy doit être une politique dynamique transversale et ne saurait se résumer à la construction de maisons de retraite. L'équilibre sera trouvé entre accueil qualitatif des personnes âgées et maintien à domicile, accueil de travailleurs et de jeunes couples. Un accent sera porté sur l'entraide intergénérationnelle entre les plus jeunes et les plus anciens. De nombreuses mesures seront prises pour le bien-être des personnes âgées de notre territoire :

- Programmes intergénérationnels : les interactions entre les personnes âgées et les jeunes générations seront promues par la mise en place de projets intergénérationnels. Des activités conjointes avec les écoles, les garderies et les institutions de jeunesse seront organisées pour promouvoir les échanges intergénérationnels et renforcer les liens sociaux.

- Programme de mentorat : un programme de mentorat dans lequel les personnes âgées peuvent partager leurs connaissances, compétences et expériences avec les jeunes sera organisé, comprenant des séances de mentorat dans les écoles où les aînés peuvent aider les jeunes à surmonter des difficultés académiques, offrir des conseils de vie et encourager la persévérance.

- <u>Échanges culturels</u> : des évènements culturels intergénérationnels, tels que des spectacles de danse, de musique, de théâtre ou d'autres activités artistiques, où les personnes âgées et les jeunes peuvent collaborer et présenter leurs talents respectifs, seront organisés. Une collecte de la mémoire dignoise sera organisée, auprès des personnes âgées volontaires. Les témoignages de l'histoire dignoise, ainsi recueillis, seront déposés aux archives départementales.

- <u>Activités sportives intergénérationnelles</u> : des tournois ou des rencontres sportives impliquant les personnes âgées et les jeunes seront organisés, tels que des matches de football ou de basket-ball intergénérationnels, où les équipes sont composées de membres de différentes tranches d'âge.

- <u>Programme de lecture partagée</u> : un programme de lecture partagée, dans lequel les personnes âgées pourront lire des histoires aux jeunes enfants, sera proposé dans les bibliothèques, les garderies ou les écoles.

- <u>Création d'un centre communautaire pour seniors</u> : un espace dédié où les personnes âgées pourront se rencontrer, socialiser et participer à diverses activités sera établi. Ce centre offrira des programmes de loisirs, des cours de formation, des activités culturelles et des services de soutien adaptés aux besoins des aînés.

- <u>Promotion de l'activité physique</u> : des initiatives visant à encourager les personnes âgées à maintenir un mode de vie actif et sain seront mises en place. Des séances d'exercices adaptés, des programmes de marche en groupe, des cours de yoga ou de tai-chi dans les parcs seront organisées et l'accès aux installations sportives pour les seniors sera facilité.

- **Services de santé et de soins à domicile** : les services de santé et de soins à domicile seront accessibles et de qualité pour les personnes âgées de la ville. Des programmes de visite à domicile pour les personnes rencontrant des difficultés de mobilité seront développés en collaboration avec des professionnels de la santé pour offrir des services de dépistage, de suivi médical et de soins palliatifs.

- **Transport adapté** : un service de transport adapté aux besoins des personnes âgées, en particulier pour les déplacements vers les centres de santé, les épiceries, les lieux de loisirs et les activités communautaires, sera mis en place. La création de réseaux de covoiturage entre seniors sera favorisée pour renforcer la mobilité et la socialisation.

- <u>Sensibilisation à la prévention des chutes</u> : des ateliers de sensibilisation et de prévention des chutes, qui sont fréquentes chez les personnes âgées, seront organisés en lien avec des professionnels de la santé pour fournir des conseils sur les mesures de sécurité à prendre à domicile. Des programmes d'exercices de renforcement musculaire, pour améliorer l'équilibre et la stabilité, seront proposés.

- <u>Établissement d'un réseau de soutien</u> : un réseau de bénévoles et de professionnels dédiés au soutien des personnes âgées sera mis en place. Ce réseau offrira une aide pratique, telle que l'accompagnement aux rendez-vous médicaux, les courses et les travaux domestiques, ainsi qu'une écoute bienveillante pour lutter contre l'isolement social.

198. Rouler à l'hydrogène

Toi, maire de Digne, la flotte des véhicules municipaux sera progressivement renouvelée pour accueillir des véhicules roulant à l'hydrogène.

199. Centre de recherche et de développement pour l'élaboration d'une voiture à air comprimé (CRDVAC)

Toi, maire de Digne, tu lanceras un appel à projet national pour accueillir un centre de recherche et de développement pour l'élaboration d'une voiture à air comprimé dont l'autonomie serait supérieure à 300 kilomètres. Ce centre de recherche *ex nihilo*, dénommé CRDVAC, serait financé par des partenaires publics et privés soucieux de leur image et impact écologiques.

200. Droit au goût dans les cantines scolaires

Toi, maire de Digne, tu instaureras un droit au goût dans les cantines scolaires. Les repas insipides et bâclés seront bannis des cantines. Une cuisine centrale intercommunale de l'agglomération dignois (CCIAD) sera créée pour préparer les repas de toutes les cantines scolaires, de l'école maternelle au lycée, en partenariat avec le conseil départemental et la région SUD. Cette cuisine centrale, créée *ex nihilo*, bénéficiera des conseils culinaires d'un chef cuisinier renommé, installé dans les Alpes de Haute-Provence, pour produire des repas gustatifs à moindre coût.

201. Digne, ville sportive

Toi, maire de Digne, les parcours sportifs de la ville seront modernisés et agrémentés. Ils pourront être déplacés au plus près des éléments naturels et architecturaux attractifs de la ville.

202. Distributeur automatique d'histoires courtes

Toi, maire de Digne, tu installeras des distributeurs automatiques d'histoires courtes à proximité des lieux d'attente. Ces histoires seront libres de droits et tirées du corpus littéraire classique français.

203. Construire le pont de Gaubert

Toi, maire de Digne, un pont sera construit pour rompre l'isolement relatif du plan de Gaubert. Il naîtra du rond-point des lavandes et enjambera la Bléone pour rejoindre le lac de Gaubert où la route sera élargie.

204. Pique-nique à Digne

Toi, maire de Digne, tu aménageras de nombreuses aires et tables de pique-nique dans l'agglomération dignoise dans des endroits discrets, cachés de la vue publique, mais offrant les plus beaux paysages qu'offre notre pays. Ces lieux seront répertoriés dans une carte disponible à l'office du tourisme, sur Internet et annoncés par un panneau indicateur sur le bord de la route.

205. Fête du pique-nique

Toi, maire de Digne, sera organisée en juin de chaque année une Fête du pique-nique. La traditionnelle nappe à carreaux sera offerte aux participants. Les éventuels restes alimentaires seront transférés au méthaniseur intercommunal.

206. Morts pour la France

Toi, maire de Digne, le monument aux morts sera restauré et ses abords consolidés. Il sera éclairé une partie de la nuit.

207. Centre de recyclage et de mise en valeur des panneaux solaires (CRMVPS)

Toi, maire de Digne, un centre de recyclage et de mise en valeur des panneaux solaires (CRMVPS) sera construit dans la zone Saint-Christophe. Il permettra, dans une logique d'économie circulaire, de valoriser les déchets de production de la filière solaire régionale et de créer de nombreux emplois industriels locaux.

208. Animateur de centre-ville

Toi, maire de Digne, tu recruteras un animateur de centre-ville chargé de stimuler l'économie commerciale, de coordonner les évènements et l'offre et la demande de locaux en vacances commerciale.

209. Dessins d'enfant

Toi, maire de Digne, les plus beaux dessins d'enfant, produits dans nos écoles maternelles et primaires, seront exposés dans un établissement de l'agglomération dignoise pendant quinze jours, en juin de chaque année, à la médiathèque intercommunale de Digne. Ils seront ensuite restitués à leurs propriétaires ou conservés aux archives municipales.

210. Digne 2100

Toi, maire de Digne, une capsule temporelle comprenant des témoignages de la vie quotidienne, des œuvres originales ou des informations sera enfouie en 2030 au pied de la statue de Gassendi. Elle sera ouverte en 2100 par les générations futures.

211. Histoires au coin du feu

Toi, maire de Digne, les veillées au coin du feu seront proposées une soirée par mois d'automne et d'hiver dans un lieu dignois chargé d'histoire et de mystère. Des conteurs professionnels y diront des histoires évoquant les mythes et légendes de Provence et d'autres régions de France. Au printemps et en été, les conteurs émerveilleront les participants, de tout âge, en plein air dans un lieu beau, calme et discret. La présence des téléphones y sera proscrite. Les langues françaises et provençales y seront sublimées.

212. Parapentes

Toi, maire de Digne, une compétition internationale de parapente sera organisée chaque année.

213. Cinéma en plein air

Toi, maire de Digne, un écran géant sera installé chaque année en plein air, pendant la saison chaude, plan de Gaubert, face au Cousson. Il recevra des projections de films anciens, d'auteurs ou répondant à une thématique annuelle. Le prix de l'entrée sera limité à trois euros par film et par adulte. Il sera gratuit pour les mineurs.

214.   Terres Noires

Toi, maire de Digne, les Terres Noires seront valorisées pour accueillir des tournages de cinéma. Des aménagements discrets et épousant le paysage permettront d'inviter les marcheurs à contempler les plus beaux endroits et points de vue du site.

215.   Alexandre Arnoux

Toi, maire de Digne, j'érigerai, au cœur de l'une des nombreuses placettes qui germeront dans le centre ancien rénové, une statue de l'écrivain dignois Alexandre Arnoux.

De la question du financement

Si vous êtes parvenus jusqu'à cette page, cher lecteur, c'est sans doute que ces quelques *inactions* pour faire bouger Digne ont appelé votre attention. Mais la question qui vous taraude à cet instant est certainement celle du financement de ces *inactions*. En effet, comment rendre possibles tous ces projets alors que la ville est toujours endettée et que l'activité économique y est modeste ? Laissez-moi vous exposer, ci-après, mes premières réflexions à ce titre.

En premier lieu, tous les travaux, évènements et constructions pilotés à ce jour en régie seront, dans la mesure du possible, transférés à des partenaires privés pour libérer la collectivité de leur coût et de leur charge directs, dès lors que ce transfert sera source d'économie pour la collectivité. Je crois en effet que le rôle de la puissance publique est d'impulser, de susciter et d'encadrer les projets, pas d'en assurer systématiquement la charge. Par ailleurs, il sera important de trouver des solutions de financement innovantes et adaptées à une ville de taille modeste comme celle de Digne. Voici quelques pistes de solutions concrètes qui pourraient y permettre le financement des grands travaux.

Partenariats public-privé (PPP) : Il conviendra de collaborer avec des entreprises privées pour financer et réaliser des projets d'infrastructures. Les entreprises privées peuvent apporter des fonds, des compétences et des ressources, tandis que la municipalité fournirait le terrain, les autorisations et l'encadrement réglementaire. Les coûts et les bénéfices du projet seront partagés, le cas échéant, entre les partenaires publics et privés.

Subventions et fonds de l'Union européenne, de l'État ou des collectivités territoriales : des spécialistes seront recrutés pour rechercher et solliciter des subventions ou des fonds disponibles pour les projets d'infrastructures locales. Les programmes européens, nationaux et régionaux peuvent en effet offrir un soutien financier pour les projets d'aménagement du territoire, de développement économique, de préservation du patrimoine ou d'innovation.

Mécénat : les entreprises locales ou nationales seront sollicitées pour obtenir un soutien financier sous forme de mécénat ou de parrainage. Certaines entreprises peuvent en effet être intéressées par la visibilité qu'offre un projet d'intérêt public, dans le cadre d'un partenariat susceptible, par ailleurs, de leur offrir des avantages fiscaux.

Société d'économie mixte (SEM) : une entreprise dont le capital est détenu conjointement par la municipalité et des partenaires privés sera créée. Cette structure pourra faciliter le financement et la réalisation de projets d'infrastructures en combinant les ressources et les compétences du secteur public et du secteur privé.

Coopération intercommunale : Digne collaborera avec les communes voisines pour mutualiser les ressources et les compétences, et ainsi réaliser des économies d'échelle dans la mise en œuvre de nos projets.

Enfin, à défaut de pouvoir recourir aux emprunts obligataires locaux, via l'émission d'obligations municipales, comme aux États-Unis, pour lever des fonds auprès des investisseurs qui seraient remboursés avec intérêt à une date ultérieure, le recours à la souscription publique sera régulièrement utilisé. Aujourd'hui connu sous le nom de « financement participatif », il permettra aux particuliers comme aux entreprises de participer aux projets de construction et de service, contre rétributions de diverses natures, permettant d'améliorer la qualité de vie des Dignois.

En complément de ces premières pistes éprouvées, j'ai imaginé d'autres moyens innovants et inédits de financer le projet *Bouger Digne*. Leur mise en œuvre peut paraître utopique. Elle l'est, dans une certaine mesure. Mais tout est souvent question de volonté. Les volontés faibles se traduisent par des discours ; les volontés fortes par des actes, écrivait Gustave Lebon. Il vous revient peut-être, cher lecteur, de transformer ces modestes *inactions*, utopiques, mais réalisables, en actions tangibles.

216. $DIGNE, une monnaie numérique locale

Toi, maire de Digne, tu créeras une monnaie numérique sécurisée pour favoriser les transactions locales, le co-financement des projets et pour créer du lien économique et social entre les membres de la communauté dignoise. C'est un moyen efficace et éprouvé pour contenir les richesses dans notre territoire. Cette cryptomonnaie prendra la forme d'un jeton adossé à une chaîne de blocs (blockchain) déjà existante de type Polygon ou Ethereum, permettant la transparence absolue des transactions de cette monnaie locale. Elle sera cogérée par la communauté des utilisateurs et fonctionnera sur le modèle d'un stablecoin, un jeton équivalant à un euro, ou d'un système déflationniste pour se prémunir des pertes de valeurs du jeton. Son nom sera le $DIGNE. Il pourra être acheté et dépensé via une application native très simple, installée sur son téléphone portable, ou en l'achetant auprès de distributeurs automatiques de $DIGNE sur papier muni d'un code alphanumérique et d'un QR code identifiable par les commerçants et les autres utilisateurs.

Cette cryptomonnaie devra son succès de son lancement composé de plusieurs phases de mise en vente (ICO) auprès des investisseurs locaux, du public local et du grand public ainsi que la distribution de jetons gratuits auprès des influenceurs locaux qui accepteront, contre une contribution modeste, de faire la promotion du jeton $DIGNE (AirDrop).

217.   Favoriser la consommation locale

Toi, maire de Digne, tu mettras en place une politique incitative d'achat local grâce au $DIGNE. En retour, les utilisateurs de ce jeton numérique local bénéficieront de réductions auprès des commerçants et prestataires de service locaux. Ainsi, la richesse aura davantage tendance à circuler et être maintenue dans le pays dignois.

218.   Épargne locale

Toi, maire de Digne, les utilisateurs du $DIGNE auront la possibilité d'épargner leurs jetons sur des comptes qui leur rapporteront un rendement annuel supérieur à 3 %. Des frais réduits (de l'ordre de 1 %) seront prélevés à chaque transaction en $DIGNE, quelle que soit sa nature. Le cumul de ces frais permettra d'assurer l'éventuelle parité du $DIGNE par rapport à l'euro, ses frais de fonctionnement et les intérêts dû aux épargnants en $DIGNE. Des

$DIGNE pourraient être brûlés, c'est-à-dire définitivement détruits, à chaque transaction pour garantir la relative stabilité du jeton si celui-ci ne devait pas être un stablecoin. En effet, un jeton déflationniste est une monnaie numérique dont la quantité est limitée et qui a tendance à augmenter de valeur au fil du temps, car il y a moins d'unités disponibles sur le marché. Les jetons déflationnistes sont souvent utilisés comme un moyen d'investissement, car ils peuvent potentiellement générer des rendements à long terme. Cette deuxième option permettrait néanmoins d'attirer des investisseurs étrangers prêts à injecter de l'argent extérieur dans un circuit de consommation fermé, injectant de la richesse en vase clos dans le territoire.

219. Fonds numérique de développement local (FNDL)

Toi, maire de Digne, tu initieras des levers de fonds en $DIGNE pour cofinancer certains projets d'intérêt collectif via le fonds numérique de développement local (FNDL). Chaque porteur de $DIGNE bénéficiera d'un droit de vote proportionnel à la quotité de jetons qu'il possède sur la masse globale de $DIGNE levés. À titre d'exemple, si un porteur possède 1 % de la quantité totale de $DIGNE récoltée pour le financement d'un projet, son vote pèsera 1 % dans la décision totale, dans la limite des 5 % pour garantir la représentativité du scrutin numérique. Le vote ayant lieu via la blockchain, ses résultats seront accessibles par tous en temps réel, sans possibilité de falsification, ce qui garantit son authenticité et sa régularité.

Sur les projets soumis au vote, la municipalité ne pourra pas prendre part à la décision. Afin de favoriser et garantir l'impact du $DIGNE dans le circuit de production et de consommation locales, l'échange EURDIGNE, c'est-à-dire l'achat de $DIGNE avec des Euros, serait soumis à des frais de transaction de 1 %, mais l'échange de DIGNE en EUROS serait soumis à des frais de 5 % afin de limiter la spéculation, les éventuelles manipulations de marché et la fluctuation trop brutale du cours du jeton. Ces frais permettraient par ailleurs de financer les projets portés par le FNDL.

220. Emprunt local

Toi, maire de Digne, tu permettras au FNDL de financer des projets locaux grâce à des prêts octroyés à des entreprises locales, contre intérêts. Les prêteurs de $DIGNE permettront ainsi aux petites entreprises locales de se financer directement et rapidement auprès de la communauté locale, sans avoir à passer par des institutions financières centralisées. Chaque dossier de candidature pour l'obtention d'un prêt répondra à des règles strictes permettant de jauger la solidité et le sérieux des projets candidats.

221. Solidarité locale

Toi, maire de Digne, tu favoriseras l'émergence d'outils de solidarité en permettant aux membres de la communauté $DIGNE de s'entraider et de s'appuyer les uns sur les autres, notamment en faveur des personnes qui n'ont pas accès aux mêmes moyens financiers. Une plateforme de dons sera construite à cet effet, adossée au FNDL, pour renforcer les liens sociaux et améliorer la qualité de vie dans la communauté locale.

222. Altcoins world forum

Toi, maire de Digne, tu organiseras chaque année une rencontre annuelle des acteurs des cryptomonnaies. Il s'agira d'un grand évènement sur les écosystèmes forgés autour des cryptomonnaies alternatives qui réunira les plus grands spécialistes et acteurs de ce secteur florissant de l'économie et de la finance. Le forum, qui se déroulera sur trois jours, offrira l'opportunité à ses participants d'apprendre, d'échanger et de faire la fête avec d'autres adeptes du Bitcoin et des altcoins. La participation à ce forum sera payante et réglable en $DIGNE. Les bénéfices seront, le cas échéant, reversés au FNDL.

223.   La Guilde des Bâtisseurs

Toi, maire de Digne, tu proposeras à tous les habitants, afin de faciliter la réalisation des grands travaux et de réduire au maximum le coût de la main-d'œuvre pour la construction de chaque nouveau projet, un système établi sur le principe de la Corvée royale, amputée de son caractère obligatoire, systématique et pénible. Cette démarche prendra le nom de Guilde des Bâtisseurs. Elle accueillera tous les individus et personnes morales pouvant apporter leurs compétences sur un chantier, dans les domaines manuels comme intellectuels, pendant un temps limité.

En échange de leur travail non rémunéré à hauteur de plusieurs jours par an, les bâtisseurs volontaires bénéficieront d'importantes compensations matérielles et morales pour leur participation à l'embellissement de la cité : entrée gratuite à vie dans les bâtiments coconstruits, exonération partielle ou totale des taxes locales pendant une durée proportionnelle à l'effort consenti, nom du participant gravé sur le *Mur des Bâtisseurs*, installé à l'extérieur de chaque nouvelle construction pour honorer leur travail, invitations à des évènements organisés par la municipalité, chèques cadeau et bons d'achat, etc.

224. Protéger les bâtisseurs

Toi, maire de Digne, les bâtisseurs volontaires bénéficieront, avant, pendant et après leur participation aux grands travaux, de formations adaptées au projet de construction, d'une assurance et d'une protection juridique pour être en conformité avec le droit français.

225.   Récompenser les Bâtisseurs

Toi, maire de Digne, il sera offert aux bâtisseurs volontaires une carte de membre correspondant à leur effort d'investissement personnel pour rénover la ville. Il existera cinq niveaux de cartes de membre, évolutives, qui offriront chacun des avantages graduels à vie, comme expliqué précédemment. Ces cartes seront remises en fonction du nombre total de journées de travail offerte par les bâtisseurs.

ANNEXE

Près de chez moi, à Digne-les-Bains, un pont, construit en 1894 dans le style Eiffel, va être détruit. Je l'emprunte souvent. Il n'est pas très pratique, mais il fait partie du patrimoine de la ville et la perspective de sa destruction me déplaît. Une association locale avait lancé une pétition dans l'espoir, que je partage, de le sauver et d'en faire une passerelle artistique entre les deux rives. En vain. J'ai écrit son *horizon funeste*.

Je suis vieux et je vais mourir. Au crépuscule de ma longue vie, les regards se détournent vers des perspectives audacieuses, abandonnant ma carcasse aux égouts de l'Histoire. Et pourtant... Et pourtant, on vantait ma silhouette, hypnotique et sans fin, écrin de métal et couloir suspendu, nourrissant le vieux moulin devenu jardin. Et pourtant, je mariais ces deux rives irréconciliables, déchirées par la Bléone qui parfois s'enivre des orages colériques déversés sur ses flancs. Sur moi glissaient vos pas dans ceux de vos ancêtres. Je suis creusé de leurs immortelles empruntes, garant de leur mémoire, gardien de leurs secrets. Je sens leurs sabots cogner mon tablier, les soirs d'été au détour de rares moissons. Je sens leur troupeau voler par-dessus la vallée assoiffée, je sens les charrettes, les voitures et les chars glisser sur moi en toutes occasions. Je sens le souffle des âmes anonymes hanter mes entrailles.

Je suis vieux et l'on veut me tuer. Je suis l'histoire des gens d'ici, la mémoire des instants futiles, je suis le beau furtif et le contemplatif, mais le pratique triomphe et l'esthétique périt.

Je suis vieux et je veux vivre. Je veux être le théâtre de vos jeux puérils, le refuge des enfants jetant des cailloux les dimanches de printemps, le viaduc des artistes et des âmes vagabondes.

Je veux être le Pont des Arches devenu Pont des Arts.

Je veux être un frère, pas un aïeul, pour celui qui me succède et me tend mon linceul.

Texte original publié dans *La Provence*, le 15 février 2023

Lexique